Annette Kamping
Colours

Annette Kamping
Colours

Kleurrijk bloemschikken

Fotografie: Bart Van Leuven

STICHTING KUNSTBOEK

KLEUR – voor mij een van de meest krachtige, emotionele en sfeervolle elementen
bij de individuele vormgeving van je omgeving.
Sinds mijn vroegste herinneringen hebben kleuren in de natuur en in mijn
omgeving hun stempel op mij gedrukt. Ik denk dan aan grote groenachtig witte
hortensia's achter mijn ouderlijk huis. Aan de tuin die me een ware kleurenroes
bezorgde. Zo is het voor mij ook belangrijk in de omgang met bloemen,
kleurtaferelen te creëren die vitaliteit en karakter uitstralen.
Een concrete kleurenkeuze gebeurt aanvankelijk niet op een rationele basis
volgens verscheidene vormgevingsprincipes maar wel uit een innerlijk gevoel,
een impuls, uit ervaring, een aanvoelen en een jarenlange intensieve omgang
met het fascinerende verschijnsel kleur. Uiteindelijk blijkt de samenstelling dan
toch weer definieerbaar, tastbaar en verklaarbaar. Ook al is het vaak een innerlijke
drang om verschillende kleuren met elkaar te combineren, de basisidee is meestal
een werkstuk in één kleur.
Bij het ontstaan van creaties zijn de kleuren vaak de hoofdrolspelers, nauw
verbonden met oppervlaktes en geur. Beweging is eerder onbetekenend
en krijgt elders een podium.
Dit boek is opgedragen aan iedereen die hetzelfde geluksgevoel ervaart
als hij met kleuren werkt en zich met hen omringt.
Zo lijkt geen dag op een andere.

Annette Kamping

Geel

VORMGEVING Exotische citroenen weerspiegelen de lichtsterkte van de bloesems die in het voorjaar hun kleurenspel ontvouwen. De basis met de liggende vruchten heft zichzelf op om een totaal nieuwe vorm te creëren. Wilgentwijgen voegen beweging en dynamiek toe. Een gele band van bloesems slingert zich tussen de twijgen en vormt een harmonische verbinding met de beweging. Deze creatie is slechts kort houdbaar. Maar de intensiteit is overweldigend.

MATERIAAL Citroenen
Wilgentwijgen
Stro
Narcissen
Sneeuwbal *(Viburnum opulus 'Sterile')*
Ranonkels *(Ranunculus asiaticus)*
Viooltjes *(Viola x wittrockiana)*

Tafelversiering met citroenen

TECHNIEK Voor het geraamte worden de citroenen met elkaar verbonden door wilgenstokjes. Steek daarvoor eenvoudig de takjes in de citroenen. Omwille van de houdbaarheid is het belangrijk om zeer stevige, onrijpe citroenen te gebruiken. Op dit citroen-wilgenraam wordt een gebloemde band gelegd. Hiervoor wordt ijzergaas geplooid dat met stro omwikkeld wordt. Groen en bloemen worden in waterbuisjes geplaatst en in de draad verwerkt. De licht gebogen vorm ontstaat doordat bloemen op verschillende hoogtes en dieptes geschikt worden. Om een visuele verbinding tussen bloemenband en citroen-wilgcombinatie te creëren, worden er nog enkele wilgentakjes tussen band en basisconstructie gestoken.

KLEUREFFECT Geel in al zijn nuances: van crèmekleurig, groengeel, olijfgeel tot het overdadige oranjegeel! Door de aanvulling met allerlei weelderig groen krijgt het werkstuk iets vrolijks, iets stralends. Het effect is zeer dynamisch. Het basisidee is zo dominant aanwezig dat elke toevoeging van kleur het concept zou verstoren. Enkel een consequente kleurencompositie verhoogt de waarde.

VORMGEVING	Dit strenge, sobere 'vat' uit twijgen verhoogt door zijn konische vorm en ruw oppervlak de sierlijkheid van de orchideeën tot in het onmetelijke. Door de eigenzinnigheid van de twijgen lijkt het vat ondanks zijn symmetrische basisvorm zeer levendig. Het neemt op die manier bovendien de opwaartse beweging van de orchideeën over.
MATERIAAL	*Phalaenopsis* Vlierbestakjes *(Sambucus nigra)*
TECHNIEK	De basisvorm van het vat wordt uit steekschuim gesneden en met mos omwikkeld. In het midden wordt er een opening voor een eenvoudige plantenbak gelaten. Aan de buitenzijde wordt de vorm met takjes beplakt.
KLEUREFFECT	De kleurenkeuze is beperkt: limoengeel, olijfkleur en mosgroen. Door het bewuste gebruik van kleurfamilies wordt er rust gecreëerd zodat de ongekunsteldheid en de extravagantie van de aanplanting beklemtoond wordt.

VORMGEVING   Idee en concept voor dit werk zijn afgeleid van de *Miscanthus sinensis* 'Aereovariegatus'. Deze grassen zijn er dol op om beweeglijk als eenlingen geplant te worden. Het is fascinerend om zien hoe ze zich desondanks harmonieus tot een gesloten vorm samenvoegen, zonder hun eigen karakter te verliezen.
In dit werkstuk worden de grassen weliswaar kringvormig symmetrisch gebonden, maar de vormgever laat hen zoveel bewegingsvrijheid dat ze ook uit deze nieuwe vorm kunnen uitbreken. Nonchalance en zomerse flair werden vakkundig samengevoegd, ook in de kleuren. Een optisch gesloten werk dat de overvloed van het voorjaar en weelderigheid uitstraalt. Als tafel- of kerkdecoratie past het bij vele gelegenheden. Zelfs in de inkomhal van hotels of kantoren zou het als blikvanger niet misstaan.

MATERIAAL   Chinees riet *(Miscanthus sinensis* 'Aureovariegatus'*)*
Ranonkel *(Ranunculus asiaticus)*
Tuinhortensia *(Hydrangea macrophylla)*
Pluimhortensia *(Hydrangea paniculata)*
Rode zonnehoed *(Echinacea purpurea)*
Bontnetel *(Solenostemon scutellarioides)*
Gentiaan *(Gentiana)*
Dahlia
Verscheidene kruiden

TECHNIEK   De grassen worden in lussen gebonden, rond één punt gedraaid en kransvormig in een met vers steekschuim gevulde schotel gestoken. Het gewicht van de graskrans vereist een solide bevestiging. De bloemen worden parallel over het oppervlak geschikt. Pas door de kriskrasse schikking van de bloemen ontstaat een nonchalante en toevallige indruk.

KLEUREFFECT   Vermits het neutrale geelgroen van de miscanthus-grassen zich snel naar de achtergrond laat dringen, is het belangrijk dat de kleuren voor dit werkstuk behoedzaam uitgekozen worden. Dat betekent niet dat je je moet beperken tot neutraal wit. Door het geel in de grassen heb je de mogelijkheid om een verbleekt geel te combineren met gebroken wit. Opdat je werk niet monotoon zou overkomen wordt er een complementair, verbleekt violetblauw gebruikt dat gelijktijdig een frisheid in het kleurenpalet brengt en zo de vitaliteit van het gras weer in de verf zet.

VORMGEVING

Gebloemde kussens met nieuwe texturen, kleuren en een ongewone styling zijn in zekere zin geïnspireerd op het alledaagse gebruiksvoorwerp. De bloemen moeten bij deze enscenering niet volgens traditionele vormregels of bewegingen geschikt worden. De toeschouwer verleiden tot kijken en aanraken: het is een nieuwe eigenschap van bloemen om de aandacht op zich te trekken – of misschien ook wel gewoon een tic van mij.

MATERIAAL

Steenbreek *(Saxifraga)*
Kerstroos *(Helleborus niger)*
Viooltjes *(Viola x wittrockiana)*
Madeliefjes *(Bellis perennis)*
Sneeuwbal *(Viburnum)*
Narcissen

TECHNIEK

De 'vulling' van de kussens wordt uit karton gesneden en met stro omwikkeld. Sphagnummos voorziet de bloemen van vocht en maakt het vershouden van het materiaal mogelijk. Omwille van de verschillende bloemenschikkingen moeten er ook verschillende technieken gebruikt worden bij het maken van de kussens. Soms is het beter om het materiaal in en over elkaar te verstrengelen en een andere keer kun je het best de bloemen heel precies en op grote schaal schikken door middel van draad.

KLEUREFFECT

Krachtig geel lijkt te domineren in deze kussentrilogie. Maar tegen alle kleurwetten in neutraliseert het appelgroen van de helleborusbloemen hier niet de kleurenweelde. Het houdt zich qua lichtintensiteit en textuur makkelijk tegen het gele kussen staande dankzij de intens geelgroene tonen. Door de verwante kleuren geel en groen straalt het veelkleurige kussen zowel harmonische eenheid als vrolijke nonchalance uit die we ook in de woonkamer terugvinden.

VORMGEVING	Een alchemillaschaal dient ter versiering van vruchten en bloemen. Zomerse fleur wordt onregelmatig in glazen buisjes gestopt die kransvormig op de rand van de schaal bevestigd worden. Zo kun je vrijelijk bloemen en vruchten afwisselen met elkaar en dus de sfeer veranderen – puur of decoratief weelderig.
MATERIAAL	Vrouwenmantel *(Alchemilla mollis)* Zomerbloemen
TECHNIEK	Uit meerdere afgerolde wikkeldraadrollen wordt een individuele schaal met brede rand gevormd die dan met behulp van mirtedraad rijkelijk met *alchemilla* omwikkeld wordt. De glazen buisjes worden door de rand getrokken en gevuld met bloemen. Het glas dat makkelijk gereinigd kan worden, neemt in deze schaal het technische gedeelte voor zijn rekening.
KLEUREFFECT	Geel, oranje, roze – zomer, vruchten, glas – transparantie, weelderigheid, vitaliteit, lichtintensiteit – een spel met bloemen, vruchten en kleuren van de zon. Er ontstaat een warme, bijna vurige kleurstemming die ontstaat door de combinatie van verwante tonen. Het roze zorgt voor de exotische touch.

VORMGEVING   Lunariabladeren – gebundeld, geschubd, in, over en door elkaar gecombineerd –
verlenen dit werkstuk een nonchalant, speels en bevleugeld karakter.
Het verwerken van het materiaal gebeurt weliswaar consequent maar toch
zonder de perfectie te willen nastreven. Door het gebruik van zachte ranken en
neutraal werkende bloemen wordt de ronde, symmetrische basisvorm opgeheven.
De bruidsruiker straalt frisheid, vitaliteit en een vleugje engelachtigheid uit,
zonder opdringerig te worden. Het komt zo tegemoet aan het verlangen
van de bruid om begeleid te worden zonder dat ze zelf naar de achtergrond
wordt verwezen.

MATERIAAL   Zilverlingen *(Lunaria annua)*, bladeren
Ranonkel *(Ranunculus asiaticus)*
Muehlenbeckia *(Muehlenbeckia axiliaris)*, ranken
Sneeuwbal *(Viburnum)*, bloemen
Scheefbloem *(Iberis sempervirens)*
Kievitsbloem *(Fritillaria meleagris)*

TECHNIEK   Honderden doorzichtige blaadjes worden geschubd, gebundeld, met draad
voozien en getaped. Ze omcirkelen speels een ronde, kleine ruiker waarvan
de bloemen weliswaar dicht op elkaar gepakt zijn, maar toch hun eigen karakter
niet verliezen. De consequente draadtechniek maakt een comfortabele greep
mogelijk en maakt dat de ruiker, ondanks het vele materiaal, toch aangenaam
is om dragen.

KLEUREFFECT   De verschillendste witnuances geven aan deze ruiker een hoog bruidsgehalte.
Niets mag hard of scherp overkomen. Het wit van de bloemen verliest door de
transparantie van de omhullende bladeren zijn scherpte en koelheid. Onmisbaar is
begeleidend groen. Want het is pas het sterke licht-donkercontrast dat voor
spanning zorgt en dat het wit natuurlijker en levendiger doet overkomen.
Wit is hier niet zomaar wit maar speelt met nuances en texturen.

Wit

VORMGEVING Qua materiaal en kleur is de keuze bij deze bruids-ruiker strikt beperkt. Het onderste grasgedeelte doet denken aan een gekrulde guirlande met hand-vat. Naar boven toe gaat de grasslinger meer open en zo ontstaat er ruimte voor bruidsbloemen.

MATERIAAL Chinees riet *(Miscanthus floridulus)*
Ridderspoor *(Delphinum*, een soort uit de Pacific-groep)

TECHNIEK Vele aparte grasringen, die plat en rond ineenge-draaid en met papier omzwachtelde draad gefixeerd worden, vormen het hoofdthema voor deze bruids-ruiker. Allereerst wordt een vlakke, slingerachtige basisconstructie uit wikkeldraad gemaakt die niet te zwaar mag zijn. Met behulp van lange steun-draden wordt hieraan een steelbevestigd die dienstdoet als greep . De aparte grasringen worden nu zonder fixatie van onderaf over de rolvorm getrokken. Pas de laatste twee ringen worden weer voorzichtig met draad vastgezet. In het bovenste deel worden individueel getapede bloemen zij aan zij geplaatst. Zo wordt de basisstructuur tot een strenge, klassieke vorm afgewerkt. Technische vaar-digheid en precisie zijn belangrijke voorwaarden voor deze bruidsruiker, die onderaan door bladeren en lint afgedekt wordt en makkelijk te dragen is.

KLEUREFFECT Inspiratie voor dit werkstuk vormt het fantastische kleurenspel van twee 'niet-kleuren' met een maxi-male contrastwerking in een bloem – wit en zwart. Om het effect en de zeggingskracht niet te beïn-vloeden wordt er neutraal groen gebruikt. De ruiker heeft een rustig kleureffect maar schept spanning in de verwerking. Zo kan het wit zijn werk doen. De sfeer die het wit oproept, wordt echter door toevoeging van het groen en de associatie met gras nog zuiverder, frisser en dominanter.

VORMGEVING Het bloemenmateriaal omhult de vulling van een bak. Gebroken, landelijke structuren krijgen door de heldere vormgeving, de reductie en de verbinding met de porseleinen schoonheid van de eenvoudige cyclamen een nieuwe en volledig unieke bekoring. De symmetrie wordt tot in de details doorgevoerd. Voor spanning zorgt de heldere kleurkeuze. Een blikvanger en een kostbaar object – gewoon voor een bloemenarrangement of als plantenbak!

MATERIAAL Alpenviooltjes *(Cyclamen persicum)*
Calocephalus

TECHNIEK Piepschuimplaten worden gesneden en tot een vierkant samengekleefd. Daarop worden bussels calocephalus bevestigd. In de bak wordt vulsel gestrooid en het geheel wordt met vijverfolie toegedekt. De cyclamenbloemen worden parallel in steekschuim gestoken. Om het karakter van de bloemen te versterken, worden bladzilveren vierkantjes tussen de twee materialen geplaatst. Twee verschillende bewegingsvormen, de ene bijna vliegend, de andere sterk in zich gekeerd, krijgen zo vrije ademruimte om apart, maar toch verbonden, elk hun eigen rol te spelen.

KLEUREFFECT Bewuste kleurindeling: kostbaar, doorzichtig porseleinwit lijkt optisch nog witter en purer door het vaak metaalachtig glinsterende grijs. Grijs is de ideale partner om kleuren op te waarderen en om ze niet te zeer op de voorgrond te dringen. Een kwaliteit die niet elke kleur bezit!

VORMGEVING   Eenvoudige waterslangetjes hebben een inspirerende werking door hun kleur, oppervlak en buigzaamheid. Als atypische bloemenvazen bieden ze aan klassiekers als lelies, al eeuwenlang symbool van onschuld, de mogelijkheid om zich eens van een andere kant te presenteren. De doorzichtigheid van de nieuwe vaasvorm en de interessante beweging verlenen aan het waardevolle karakter een onuitsprekelijke uitstraling, frisheid en dynamiek. Door het bewust weren van kleur en plantaardige begeleiding krijgt het porseleinen witgroen een onwaarschijnlijke puurheid en vitaliteit. Uiteindelijk bereik je het effect van een soort veranderlijke vulling.

MATERIAAL   Lelies *(Lilium longiflorum)*

TECHNIEK   De waterslangetjes worden op gelijke lengte gesneden. Door middel van zinkdraad die aan beide zijden rond de rondingen wordt gedraaid, wordt een rijtje gevormd. Drie draden die beide zijden met elkaar verbinden, zorgen voor technische steun.

KLEUREFFECT   Doorzichtige materialen en discreet, verbleekt turkooisblauw laten de witte bloemen nog beter, frisser en purer uit de verf komen. Om het tafereel perfect te ensceneren spelen de invulling van de ruimte, de achtergronden en de meubelen een doorslaggevende rol. Voor de passende kleursfeer zorgt pas de zacht lichtgroene wand. De groene bladtoppen van de lelies vallen weer op en hun porseleinen oppervlak wordt door deze materiaalmix nog authentieker en volmaakter.

VORMGEVING Hoog opschietend Chinees riet dat wild door elkaar verstrengeld zit, toont zich hier van een onbekende zijde. Gelijkmatig rond geschikt en met respect voor de eigenheid van de verschillende grassen, toont dit object het 'samenzijn in een enge gemeenschap'. Zo samengevoegd brengen de grassen een gevoel van zwaarte over. Door het wegvallen van de natuurlijke beweging worden nieuwe, interessante perspectieven geopend. Bloemen worden toegevoegd en vervolmaken het geheel. Een object voor decoratie- of ontwerpruimtes.

MATERIAAL Chinees riet *(Miscanthus floridulus)* in het gezelschap van witte bloemen

TECHNIEK Een halve schaal uit piepschuim dient als basis voor de bevestiging van de grassen. Vertrekkend van de basis worden deze met nietjes aan de schaal en met spelden over de schaal bevestigd. Door de weeftechniek ontstaat een solide basis, die geen statische of geperste indruk geeft. Folie en steekschuim binnenin de bol geven de bloemen steun en verhinderen dat het water wegloopt.

KLEUREFFECT Een heldere, frisse kleurenboodschap door de keuze van groen en wit! De neutrale bloemen accentueren de nieuwe beweging van het riet. Niets lijkt speels, niets leidt af. Het dominante karakter van het Chinees riet blijft intact. Een sterk zwart-witcontrast zorgt er voor dat het groen nog weelderiger en intensiever lijkt.

VORMGEVING   De kleine, uitgerafelde, pompoenachtige, halfronde bruidsruiker lijkt door zijn textuur en kleur onkreukbaar. Elke toevoeging van andere elementen zou slechts de aandacht afleiden van de bloemen – en van de bruid. Vele kleine bloemblaadjes worden weliswaar in een nieuwe ronde vorm samengevoegd, maar karakter en eigenzinnigheid van het kleinste blaadje zijn zo individueel dat ze hun eigen richting uitkiezen.

MATERIAAL   Grootbloemige chrysanten *(Dendranthema x grandiflorum)*

TECHNIEK   Aparte blaadjes van de bloemkopjes worden met fijne zilverdraad vastgezet en opgebonden tot een nieuwe, dikke bloem. De steel wordt bewust geaccentueerd door blinkend engelenhaar. Zo is meteen de brug naar de bruid gemaakt.

KLEUREFFECT   Deze bruidsruiker in appelgroen wordt nog interessanter bij verschillende lichtinvallen. In het zonlicht licht het geheel geelgroen op, terwijl in de schaduw eerder het gedempte karakter naar voren komt als de bijna schelle geeltonen wegvallen. Een moedige kleurkeuze, die in combinatie met andere kleuren vaak een onwezenlijk, vreemd karakter krijgt maar in combinatie met wit en grijs in ieder geval een betoverende uitstraling heeft. De extreme lichtsterkte en kleurintensiteit zijn dominant provocerend.

VORMGEVING Vele planten houden ervan om hun schoonheid individueel te etaleren.
In een enigszins andere plantenopstelling oogt de venusschoen echter even puur
en stijlvol. Om het even welke decoratie in of rond de plantenbak is immers te
alledaags. Hier laat de individuele, objectgerichte vormgeving de plant beter
tot haar recht komen, zonder haar optisch in te knellen of haar te beroven van
elke ademruimte. Kringvormige formaties creëren een achtergrond, waartegen de
orchidee een nieuw kleur- en spanningskader krijgt om zich te ontplooien.

MATERIAAL Venusschoen *(Paphiopedilum)*
Berengras *(Xerophyllum asphodeloides)*

TECHNIEK Verscheidene open draadringen worden omwikkeld met berengras, overeind
gezet en bovenaan op verschillende plaatsen met elkaar verbonden. Zo heb je
de mogelijkheid om de grasringen onderaan uit mekaar te schuiven en zo meer
stabiliteit te krijgen. De venusschoen wordt tussen de ringen in geschoven.

KLEUREFFECT Door het omwikkelen van de ringen worden zowel de voor- als achterkant
van de grassen in het ontwerp opgenomen. Zo krijgen we een interessant
kleurenpalet uit lichtgroen, munt, dennengroen en grijstonen. Visueel ontstaat er
een kleurenharmonie die het wit van de orchidee aan een uitzonderlijke elegantie
en volmaaktheid helpt en het tegendeel van verveling oproept. Het blinkende
zilver van de folie rond de bak verhoogt nog de kracht van de grijstonen en vestigt
door de spiegelglans de aandacht op het essentiële. Opmerkelijk hoe een eerder
neutraal groen door minimale kleurvarianten en bewegingen een nieuwe
expressieve kracht verwerft!

De kleur van de hemel roept een gevoel van weidsheid, oneindigheid, gelatenheid en rust in ons op. Blauw is een kleur die ook na toevoeging van wit haar karakter en uitstraling niet verliest. Denken we maar aan het blauwe ridderspoor in al zijn schakeringen of aan een aquamarijnblauw glinsterend water, blauwe gentiaanbloemen of de vele mengelingen van blauw tot violet en paars van de *clematis*bloemen. Blauw is een fascinerende kleur wier schakeringen in de plantenwereld een onweerstaanbare aantrekkingskracht op de mens uitoefenen. Eeuwenlang reeds discussiëren experten over de koude uitstraling van deze populaire kleur. Hoe koud is blauw echt, waar ligt de grens tussen koud en warm blauw? Blauw is een kleur die zich niet makkelijk in een categorie laat onderbrengen en misschien net daarom zo populair is.

| **VORMGEVING** | Hortensia's zijn luisterrijke en karaktervolle planten die het graag onder elkaar houden, maar wel van een vrijpostige verwerking houden. Door de eenzijdig blauwe kleuren ontstaat er een heel ongewone spanning en een verrassend effect. Ondanks het vermijden van een teveel aan bloemen geeft deze hortensiacreatie als wassen vaas een milde en harmonische indruk. |

MATERIAAL Hortensia's *(Hydrangea macrophylla)*

TECHNIEK De basis van de vaas is uit wikkeldraad vervaardigd en met papier beplakt. Na het drogen wordt de constructie met blauwe was overgoten. De hortensia-bloemen worden apart met spelden op het nog niet volledig uitgehard oppervlak gestoken en heel even met was bedekt. Na het uitharden van de was kunnen de spelden verwijderd worden zonder sporen na te laten. De bloemen worden in een eenvoudige vaas geplaatst die binnenin de nieuwe vorm komt.

KLEUREFFECT Een kobaltblauwe wassen vaas met lichtblauwe texturen weerspiegelt het licht van de hemel. De vaas heeft een rustige doch energieke uitstraling die gelaten alle blauwschakeringen in zich draagt. Het lichte, verbleekte violetblauw van de hortensia's laat diepgang vermoeden. Dit blauw is dan ook verre van koud, waarmee het cliché doorprikt wordt. De omgeving, lichtinval en rotandelen roepen een totaal nieuwe stemming en kleuridentiteit op.

VORMGEVING	De hartvorm dient bij deze bloemencreatie als plantenschaal.
	Als blikvanger aan de muur of aan de inkomdeur kun je deze bak het hele jaar door op verschillende manieren beplanten en zo bezoekers steeds een een hartelijke ontvangst garanderen. Door de heldere en dominante basisvorm hebben de planten hier het begeleidende en vleiende deel van de creatie overgenomen.
MATERIAAL	Wildemanskruid *(Pulsatilla vulgaris)*
	Korstmos
TECHNIEK	Afgewikkelde draad wordt tot twee halve harten geplooid en met draad tot een nieuw hart (dat bovenaan open is) aaneengenaaid. De zo ontstane opening dient als plantenbasis. Het draadwerk wordt met korstmos beplakt.
KLEUREFFECT	Er ontstaat een morbide kleursfeer door het grijs van het mos. Violet en aqua- marijn, evenals de groentinten geven leven en karakter aan deze neutrale kleur, zonder meteen zelf opdringerig te worden.

VORMGEVING De vorm van de zware, organische bak wordt extra beklemtoond door een symmetrische bloemenbol, die eveneens een zware maar niet starre uitstraling heeft. Het contrast tussen de opschietende stelen en de steeds ronde vormen wekt spanning op.

MATERIAAL Bloemen met ronde kopjes zoals:
Zomeraster *(Callistephus chinensis)*
Ballonklokje *(Platycodon grandiflorus)*
Hortensia's *(Hydrangea macrophylla)*
Vlambloem *(Phlox paniculata* 'Nora Leigh'*)*

TECHNIEK Een ronde bloemenkoepel heeft als basis een losse wikkeldraad, die vooraf gemaakt werd en op drie stokjes in de stenen schaal bevestigd werd. De bloemensteeltjes worden door de draadbol getrokken en in het steekschuim gestoken dat de hele schaal vult.

KLEUREFFECT Grijs is een ideale partner om kleuren als azuurblauw, violet, bleekblauw en mauve in hun zinnelijke uitstraling te versterken. Geen enkele bloem is brutaal, niets lijkt zich uit deze rustige, pas gecreëerde vorm te willen losrukken. De blauwtinten doen een eigenzinnige, laatzomerse stemming verschijnen.

VORMGEVING

Het eeuwige zoeken naar nieuwe mogelijkheden, om bloemen in een andere sfeer te presenteren biedt ook kansen om nieuwe vormen en materialen te ontdekken. Vaak verkrijg je door het samenvoegen van delen (die eigenlijk eerder introvert zijn en best apart gedijen), een ongewone nieuwe vulling. Er ontstaat een eenheid waarbij elke vaas ook apart kan bestaan en samengevoegd op een echte familie lijkt. De zware loden vormen, strak in de basis, lijken – eens met bloemen gevuld – in beweging te komen.

MATERIAAL

Schoenlappersplant *(Bergenia cordifolia)*
Maarts viooltje *(Viola odorata)*
Druifhyacint *(Muscari armeniacum)*
Madeliefje *(Bellis perennis)*
Kievitsbloem *(Fritillaria meleagris)*
Wildemanskruid *(Pulsatilla vulgaris)*
Tijm *(Thymus)*
Driekleurig viooltje *(Viola tricolor)*

TECHNIEK

Aparte loodplaatjes worden als wafeltjes tot een hoorntje samengerold. Aan de bovenrand krijgen ze twee of drie gaatjes opdat we later een hoorntje parallel en het andere zijdelings kunnen aanbrengen. Ze worden met draad stevig aan elkaar bevestigd. De bloemen worden in waterslangetjes, kleine plastic bekertjes of steekschuim geplaatst.

KLEUREFFECT

Roze, rozerood, aubergine, duifblauw, mauve en violet nemen de koele sfeer van het grijs op en brengen samen met het wit leven in de brouwerij. Nog versterkt door het aldus gecreëerde zwartwitcontrast krijgt de toch eerder sombere kleursubstantie zo een snuifje frisheid toegediend, waardoor het geheel nog aan klasse wint.

VORMGEVING Een geometrische vorm dient als basis voor de 'eeuwige' schaalvulling. De was-structuur speelt de belangrijkste rol en geeft een versteende indruk. Zonder aan de esthetiek te raken worden vers fruit en bloemen met een laagje was ingestreken en zo houdbaar gemaakt. In de gesloten basisstructuur vormen herfstvruchten en bloemen een verbond zonder dat de een de ander wil domineren. Planten en vaas vormen qua vorm, structuur en kleur een bijna perfect geheel.

MATERIAAL Herfstvruchten en -bloemen

TECHNIEK Een vierkanten, open houten raam wordt met grijze dispersieverf ingestreken en langs alle kanten met warme was overgoten. Door het overgieten van de verschil-lende zijdes vanuit verschillende richtingen ontstaat er een interessante lijn- en druppelstructuur, die aan het geheel een organische indruk verleent. Bloemen en vruchten worden in steekschuim gestoken dat in een waterdicht inzetstuk geplaatst werd. Voor verwerking moet de hete was enigszins afgekoeld zijn om zich beter aan het oppervlak te kunnen vasthechten.

KLEUREFFECT Het neutrale grijs is erg geschikt voor het presenteren van intense kleuren en om bepaalde oppervlaktes te veredelen. Precies dit oppervlak bepaalt de bescheiden maar toch indrukwekkende expressie van het werk. De morbide tinten mauve, violet en zwartblauw vormen helemaal geen concurrentie voor de sierlijke dominantie van het grijs. Terughoudend passen ze zich wonderwel in het totale sfeerbeeld in. Het is boeiend om zien hoe verschillende lichtinvloeden het eenvoudige grijs laten reageren en interessante zwart-witcontrasten creëren.

VORMGEVING

Een kokerachtige bruidsruiker loopt onderaan uit op een bloemenband. De gesloten basisvorm is elegant en sierlijk. De bloemen nemen het toneel in en beklemtonen het feestelijke karakter zonder meteen overweldigend of speels over te komen. Deze creatie is een eigentijdse confrontatie met het thema bruidsruiker en met trendy zomerse bloemenkleuren.

MATERIAAL

Andoorn, ezelsoor *(Stachys byzantina)*
Zomerse tuinflora

TECHNIEK

IJzergaas wordt rechthoekig gesneden en onderaan met vulstof zacht bekleed. Voor het bovenste bloemengedeelte wordt er een zachte onderlaag uit divers groenmateriaal gemaakt. De binnenste bloemenrol en het onderste deel worden met blaadjes in schubvorm volgeplakt. Tenslotte worden de bloemen ingepast. Door regelmatig besproeien blijft deze bruidsruiker dagenlang vers en ook in gedroogde toestand blijft hij mooi.

KLEUREFFECT

Zilvergrijs – edele koelte, mauve – subtiele sfeer, bleekblauw – zomer, wit – frisheid, fluweelzacht violet – jeugd, fijnheid. Kortom: harmonie.

VORMGEVING   Geen bijkomende vorm of beweging mag de aandacht van deze edele schone vanda afleiden, die door de keuze van de oude aardewerken vaas een zekere stugheid krijgt.

MATERIAAL   Blauwe vanda *(Vanda coerula)*

TECHNIEK   Niet elke creatie vraagt een speciale techniek. De vanda onttrekt vocht langs haar luchtwortels. De vaas dient in dit geval overwegend als decoratie. Een teveel aan beweging of vormgeving ontneemt de plant haar geldingsdrang.

KLEUREFFECT   Verbleekte, subtiele tinten als lichtblauw, mauve, lichtgrijs, appelgroen en turkooisgroen, opgesteld in een vierkant, harmoniëren met het bloemenpatroon en creëren een achtergrond die aanzet tot fantaseren. Het effect van het donkere violet van de orchidee is daardoor nog intenser en exotischer.

VORMGEVING

De herfstachtige miniatuurvazen maken het mogelijk om nazomerse bloemen apart op te nemen. In gelid tonen ze hun veelzijdigheid.

Omwille van hun grootte en formaat zijn de vazen zeer geschikt om de tafel te versieren of om apart als geschenkje aan te bieden. Elke vaas is uniek in vorm, structuur en kleur.

MATERIAAL

Rode kool
Nazomerbloemen

TECHNIEK

Een klein blokje steekschuim dient als basis voor een waterbuisje waarin de bloemen gestoken worden. De schutbladeren van de rodekool worden verwijderd en enkele dagen bewaard zodat ze hun spankracht verliezen. Dan worden ze rond het blok gerold en de overlappende bladeren worden met een prikkertje vastgezet. Opdat de creatie goed stabiel zou staan, kan je onderaan het best een loden plaatje kleven.

KLEUREFFECT

De vazen in donker violet nemen verwante kleuren als vuurrood, roze, rozerood, aubergine, lichtmauve en azuurblauw gewillig op. Door het donkere, volle kleureffect creëren ze een basis voor zowel bloemen met een hoge licht-intensiteit als voor milde, terughoudende exemplaren met doffe kleuren.

VORMGEVING

MATERIAAL

TECHNIEK

KLEUREFFECT

Een plastische creatie uit florale en niet-florale grondstoffen. Materialen die zich makkelijk laten wikkelen worden hier bij deze nieuwe expressievorm gebruikt. Guirlandes van verschillende kleur en structuur creëren een interessante 'bouwconstructie' en lijken samen op te gaan in één geheel. Experimentele floristiek of toch maar kunst?

Dopheide *(Calluna vulgaris)*
Bruidssluier *(Gypsophilia elegans)*
Artemisia
Pruikenboom *(Cotinus coggygria)*

Voor de opbouw van het werk worden papieren guirlandes van verschillende breedtes gedraaid en op verschillende afstanden van elkaar op een piepschuimplaat bevestigd. De onderlaag wordt dan geplamuurd en kleurrijk in lengtestrepen geverfd. Na het drogen worden de bloemenguirlandes in het tafereel ingepast.

Pastelgroen, -aquamarijn, -lichtblauw en -roze bepalen de kleurexpressie. Wit werkt de harmonie met de wand in de hand en slaat zo een visuele brug. Sterke zwart-wittegenstellingen en verschillen in hoeveelheid brengen het tafereel tot leven en roepen vooral vanop afstand een sterk effect op.

Passie, vurigheid, erotiek, vitaliteit, zinnelijkheid en opwinding: deze onweer-staanbare kleur verzinnebeeldt ze allemaal. Rood is al eeuwenlang een kleur met een sterke symbolische waarde en een kleur die de aandacht trekt. Denk maar aan mensen die in het rood gekleed zijn. Maar rood is ook een kleur die voor velen iets choquerends heeft. Telkens als men wil opvallen, komt rood in beeld – een grote ruiker rode rozen, een knalrood geschminkte mond, aparte rode meubelstukken in een eenvoudig interieur of een exclusieve rode wagen. Maar rood toont zich ook van een heel andere zijde: kleurvarianten in roze, roze-rood, magenta, purper, pruimenrood, zwartrood, vermiljoenrood en verscheidene oranjetinten presenteren zich lieflijk, uitdagend, mystiek en aards. Een van de mooiste roodtinten – met een verzadigingsgraad die onovertroffen kleurintensief is en met een fluwelen toets – toont ons de *lobelia speciosa*, een heestersoort die in geen enkel tuintje mag ontbreken.

VORMGEVING   Wildgroeiende grassen worden gesneden, gebundeld en opnieuw met elkaar verbonden tot een rustig samenhangend geheel dat een heel nieuwe zeggings- kracht krijgt. Door bewust te bundelen wordt het karakter van elk in de wind opwaaiend gras ingrijpend veranderd. Normaal gezien wordt iets vertrouwelijks weggenomen, dat dan door concentratie en een bewuste samenvoeging verhelderd wordt. Toch hoeft de heldere boodschap niet monotoon te zijn. Door de belangrijke rol van oppervlak, veranderde beweging en kleurverdieping vindt er een uitwisse- ling van krachten plaats waar er een nieuwe charme van uitgaat.

MATERIAAL   Grassen
Zinnia's *(Zinnia elegans)*
Pronkerwten *(Lathyrus odorata)*
Dahlia's *(Dahlia hortensis)*
Rozen *(Rosa,* verschillende soorten)
Duizendblad *(Achillea millefolium)*
Cosmos *(Cosmos bipinnatus)*

TECHNIEK   Een eenvoudige schaal wordt met vers steekschuim gevuld dat ongeveer 8 cm boven de rand uitsteekt. De kanten worden afgeschuind. De grassen worden gereinigd, gebundeld, onderaan de bloem met draad voorzien, cirkelvormig geschikt en in het steekschuim vastgezet. De aangegeven ronde vorm wordt voltooid met de toegevoegde bloemen.

KLEUREFFECT   De zachtgetinte bloemen van het gras zijn makkelijk te combineren met zalmroze, dieprood en purper, lichtviolet en zwartrood. De roodtinten worden vakkundig samengesteld en kunnen opgaan in de eigen kleurtinten. De creatie krijgt zo iets rustgevends en blijft tevens ingehouden luxueus. Samen met de complementaire groene kleur, geeft de sterke zwart-wittegenstelling een frisse indruk aan het geheel.

VORMGEVING   Geschubde bladerlagen, geschikt tot een langwerpige tafeldecoratie tonen
het herfstlof op zijn mooist. De oppervlakte en de schikking van het gebladerte
overheersen bij deze creatie. Bloemen krijgen een begeleidende rol en nemen
de kleuren van de herfst op.
De strenge basisvorm verdient zijn bijzondere originaliteit aan het feit dat
de bladeren als het ware 'ondersteboven' geplaatst worden.

MATERIAAL   Wilde wingerd *(Parthenocissus quinquefolia)*
Lampionplant *(Physalis alkekengi)*
Dahlia's *(Dahlia hortensis)*
Vlambloem *(Phlox paniculata)*
Rozebottel

TECHNIEK   Een schotel wordt over het hele oppervlak met steekschuim gevuld. De bladeren
worden geschubd samengelegd, met draad aan elkaar vastgehecht en vanaf de
basis rondom en rechthoekig opgestoken. De steeltjes van de wilde wingerd worden
tot slot met de bloemen toegevoegd. Ook in broze toestand vergaat de schoonheid
van dit werkstuk niet.

KLEUREFFECT   Harmonieus oranjerood of purpere tinten geven de sfeer van de herfst weer.
Het rood van de bladeren domineert het gebeuren. Het lijkt nog vuriger te worden
door de naburige kleuren, die mondjesmaat toegevoegd werden. In het spel van
de oranjerode tinten weegt het koele rozerood van de dahlia's door en zorgt
daarmee voor spanning.

VORMGEVING

Basisidee voor deze creatie was de wens om plastische taal, kleur en bloeiend materiaal met elkaar te verbinden. De bloemen nemen het levendige deel van de compositie op zich. Ze zijn – bewust zonder steel – beroofd van hun sierlijkheid. In ruil worden ze op een fijngevoelige en liefdevolle manier opnieuw betrokken bij een nieuwe, schilderachtige vormgeving. Ze wekken bewondering op door hun adembenemende kleuren, door hun oppervlaktestructuren en het spel van de bloemblaadjes. Er ontstaat een beeld dat heel plastisch overkomt en dat door de verbinding van kleuren levend wordt. Bloemen of vruchten die vaak over het hoofd worden gezien, krijgen in dit object de gelegenheid om de aandacht op zich te vestigen.

MATERIAAL

Ranonkel

TECHNIEK

Op een dunne multiplexplaat wordt een rechthoekig ijzergaas met nietjes aan de rechter-, linker- en onderste rand bevestigd. De gewelfde beursvorm verkrijgt men door het gelijktijdig op te vullen met vulmaterialen. Na dit technische deel wordt er met papier en plamuursel structuur aan het oppervlak gegeven. Het oppervlak wordt nadien beschilderd met wis- en spateltechnieken in de meest verschillende roodtinten. Het voordien aangebrachte vulmateriaal wordt verwijderd en in de beurs wordt er folie en vers steekschuim aan de onderkant tussengeklemd. Tenslotte worden de bloemen toegevoegd die een hele tijd hun charme kunnen bewaren.

KLEUREFFECT

Een intens rood spel met verscheidene rode, roze en auberginezwarte ranonkel! Het werk dankt zijn expressieve kracht aan het sterke zwart-witcontrast maar ook aan de aanwezigheid van de verschillende roodschakeringen. Niets mag de aandacht afleiden van de vitaliteit en erotiek van deze enscenering in rood. De creatie lijkt te leven.

VORMGEVING

Decoratieve chrysanten in een ongewone omgeving. Een spatelschaal met ontelbare bladeren, bloemblaadjes en vruchten biedt de grote, roodbruine schoonheden, die vaak weinig respect krijgen, de nodige plaats en ruimte. Hier kunnen ze zich in hun volle glorie presenteren. Toch gaat er geen beweging van uit. Ze willen bewust enkel de aandacht vestigen op hun ruwe oppervlaktestructuur en hun interessant kleureffect. Vele duizenden bloemblaadjes vormen samen een imposante verschijning, volkomen harmonisch in kleur en symmetrie.

MATERIAAL

Grootbloemige chrysanten *(Dendranthema grandiflorum)*
Herfstige bloemblaadjes en vruchten

TECHNIEK

Een halve schaal uit piepschuim wordt met een kleurrijk plamuursel gemodelleerd. Na het instrijken worden de vooraf verzamelde herfstattributen zoals rozebottel, sleedoornbessen, rozenblaadjes, twijgjes in de nog vochtige massa gelegd. Door het drogen vormt het materiaal samen een nieuw oppervlak. Nadien wordt de schaal gevuld met folie en steekschuim voor snijbloemen en eenvoudig (zij aan zij) bekleed met bloemen.

KLEUREFFECT

Verwante tinten kunnen ook zonder sterke contrasten een ongewone sfeer oproepen. Het morbide roestrood wordt gescheiden gehouden van het rozerood dat door zijn massa makkelijk in staat is een veelheid aan zwartrood, oranjerood, violet en mauve op te nemen. Zo ontstaat er een bijna sprookjesachtige en ontspannen stemming. De kleurenweelde van de schaal nodigt ook andere roodroze tinten uit om tussen deze pure eenvoud te verwijlen.

VORMGEVING Appels in een nieuw licht! Bij deze creatie staat bewust een alledaags, eenvoudig voedingsmiddel centraal wiens symboliek en schoonheid vaak onderschat wordt door het overaanbod. Schaal en vulling vormen een mooi vormelijk geheel. Een decoratieobject waarbij je een glimlach moet onderdrukken en dat je zal aanzetten tot nadenken.

MATERIAAL Appels
Stro

TECHNIEK Met behulp van ijzergaas wordt het stro losjes rond een kunststofschaal gewikkeld. Het stro vormt de onderlaag voor de ingewerkte, verse appels die later zullen uitdrogen.

KLEUREFFECT Het olijfgroen van het gedroogde stro neemt de kleur van de appelstelen op en beklemtoont de eenvoud van het kleurenspel. Het eenvoudige appelrood speelt de hoofdrol. Tegen het aanvullende olijf-groen-roodcontrast zet het groene gras de heerschappij van het appelrood in de verf.

VORMGEVING

Aardbeien verleiden tijdens de eerste zomermaand. Door hun kleur en geur geven ze een eerste indicatie van de volheid van de zomer. De tafeldecoratie prikkelt de zinnen: de aangename geur van de vruchten verspreidt zich snel en nodigt uit om te snoepen. Het geheel is een kunstwerk dat de ogen verwent en het verhemelte streelt, verlokkingen waar we niet aan moeten weerstaan. De aardbeien worden in een netjes geprepareerde geul gelegd en in de loop van het feest mogen de gasten de vruchten, die rijkelijk omgeven zijn door bloemen, verorberen.

MATERIAAL

Aardbeien, vruchten en ranken
Kertsrozen *(Helleborus niger)*
Viooltjes *(Viola odorata)*
Duizendblad *(Achillea millefolium)*
Ranonkel *(Ranunculus asiaticus)*
Wolfsmelk *(Euphorbia)*
Skimmia japonica
Penningkruid *(Lysimachia nummularia)*

TECHNIEK

In een langwerpige schotel worden steekschuimblokjes op de smalle zijde tegen elkaar geplaatst. De buitenste rechthoekige vorm wordt omwonden met ranken en allerlei groen. De bloemen worden er plat – met behoud van hun eigen karakter – bijgestoken. Voor het platte bovenste deel van het steekschuim wordt een stuk ijzergaas met rood papier bespannen, lichtjes geulvormig gebogen en in het afgewerkte werkstuk geklemd. De vruchten worden pas op het laatst ter plekke toegevoegd.

KLEUREFFECT

Rode tinten onder elkaar! Roest, mauve, purper, rozerood en oranjerood genieten van elkaars aanwezigheid. Een bewust aanvullend contrast tussen rood en groen. Groen neutraliseert en zorgt voor rust. Door het spatje geelgroen krijgt het echter iets rebels en wordt het voorzomerse karakter van het werkstuk extra in de verf gezet.

VORMGEVING De uitwerking van dit herfstidee voor een individuele en eerder onconventionele tafelversiering vraagt niet veel tijd. Fruit en bloemen worden losjes door elkaar geschikt. Vele aparte, bijna volledige appelschikkingen worden hier omgevormd tot een nieuwe krans- of rijvorm. Geen van de bloemen kan aanspraak maken op een glansrol. Het is een gezellig samenzijn en de bloemen lijken als het ware te communiceren.

MATERIAAL Herfstbloemen bijvoorbeeld:
Zonnehoed *(Rudbeckia hirta)*
Dahlia's *(Dahlia hortensis)*
Ridderspoor *(Delphinium)*
Hortensia *(Hydrangea macrophylla)*
Herfstanemoon *(Anemone hupehensis var. japonica)*

TECHNIEK De appels worden uitgehold zodat er een waterbuisje, dat als vaas moet dienst doen, ingeschoven kan worden. De bloemen worden er ingeschoven en schommelen ongedwongen. Ze tonen duidelijk dat ze graag in gezelschap toeven.

KLEUREFFECT Het dominante purperrood van de appels laat een spel met vele kleuren toe: vuurrood, kersenrood, oranje, roze, magenta, violet. Kleuren met een intense lichtsterkte krijgen door een geslaagd hoeveelheidscontrast contact met de appelen zonder dat daarbij aanvullende contrasten uit het oog worden verloren. En zo ziet de creatie er ondanks de eenvoudige materialen toch spannend uit.

VORMGEVING	Zwartglanzende veren nodigen bloemen uit om samen te zijn. In dit werkstuk krijgt het bloemenmateriaal nu eens niet de hoofdrol. 'Vrij zwevend' boven een edelstalen gestel komen de pluimen niet in contact met water. Zo blijft de basis duurzaam en kunnen er steeds weer nieuwe decoraties mee gemaakt worden. Ondanks de zwarte kleur straalt het werk een enorme vitaliteit uit, die vertrekt van de schommelende, bijna dansende fritillaria.
MATERIAAL	*Fritillaria pyrenaica*
TECHNIEK	Twee smalle ijzergaasringen met verschillende diameter worden plat omwikkeld met stro en telkens geschubd met veren bekleed. Ze worden in mekaar geplaatst en zo met elkaar verbonden (met draad) dat in het midden een spleet overblijft. De zo ontstane krans met hoge rand wordt aan stevige stokken bevestigd die het latere 'zweven' moeten mogelijk maken. Opdat de fritillaria bij het plaatsen niet zouden verschuiven, wordt er in de kransopening een licht draadgestel gelegd.
KLEUREFFECT	De zwarte pluimen zorgen door hun blinkende structuur en uitstraling voor een perfecte styling van de 'wassen' zwartrode bloemen. Simpel metaalgrijs zorgt voor een neutraal optreden en groen doet het tafereel natuurlijk overkomen. De kleinste goudgele kleurnuances van de fritillaria worden door de achtergrond weer opgenomen.

VORMGEVING Bloemzakjes lijken op kleine, dansende hoorntjes, die zich tegen elkaar vleien. Elk op zich wordt individueel vormgegeven. Een verzameling aparte decoratieve elementen, die ook solo best aantrekkelijk zijn, leiden naar een nieuw geheel. Deze symmetrisch geschikte collectie zou eigenlijk door de regelmatige opstelling van de hoorntjes rust moeten uitstralen maar door de dansende beweging van de topjes krijgt het iets levendigs en dynamisch. Kleur, oppervlak en vorm van de elementen trekken elk de aandacht van de toeschouwer en strelen zo de ijdelheid van het werkstuk. Vanuit elk perspectief ontdek je iets nieuws.

MATERIAAL Aralia *(Aralia elata),* bladeren
Stro
Artemisia
Dopheide *(Calluna vulgaris)*
Zinnia's *(Zinnia elegans)*
Chrysanten *(Dendranthema grandiflorum)*
Dahlia's *(Dahlia hortensis)*
Vruchten

TECHNIEK Met behulp van ijzergaas worden bruidsruikerhouders met stro omwikkeld. Een draad die tot binnenin het hoorntje geschoven wordt, zorgt ervoor dat het vervormbaar is. Enkel hoorntjes vragen een bloemenkleed dat gewikkeld en geplakt wordt. Andere zijn tevreden met hun eenvoudig grasoppervlak. De verschillende elementen worden met steekdraad aan elkaar bevestigd en worden zo stabiel. Bloemen en vruchten lijken wel liggend geschikt.

KLEUREFFECT Warme tinten als gloedrood, bordeauxrood, aubergine en oranjebruin – kleuren met een volle intensiteit – harmoniëren in dit werk met de contrastkleur groen, die in een afgezwakte versie de begeleidende functie overneemt. Rozerood zet koelere accenten en verhoogt de vurigheid in de andere kleuren. Verschillende kleuren worden in de juiste verhouding gemengd: door de herhaling van een tint met een andere lichtwaarde of met een afwijkende oppervlaktestructuur vormen de aparte hoorntjes visueel een eenheid, ook al eist elk voor zich zijn deel van de aandacht op.

VORMGEVING

Inspiratie – bloemenvaas: een alledaagse benaming voor een gebruiksvoorwerp wordt letterlijk genomen en floraal geïnterpreteerd. Zo ontstaat er een nieuw bloemenvaasobject, gemaakt uit vele aparte bloemknopjes. Vormgeving met bloemen betekent niet enkel het ontstaan van werkstukken met definieerbare fundamenten maar ook moeten experimenten met bloemen, kleuren en vormen nieuwe poorten openen. Een bewust afwijzen van beweging duwt duidelijk andere belangrijke criteria van de vormgevingskunst naar voren. Een minimum aan plastische middelen vraagt een maximum aan nieuwe expressiviteit en misschien ook wel wat verwondering.

MATERIAAL

Zomers bloeiend materiaal

TECHNIEK

Een eenvoudige ceramieken vaas wordt exact met ijzergaas omwikkeld zodat de vorm bewaard blijft. Pas door de technisch perfecte basis wordt een nieuwe bloemenvaas gecrëerd. Het bloeiende materiaal wordt met behulp van draad en nietjes vanaf de bovenrand naar onderen vastgezet. Ondanks het feit dat de bloemen dicht op elkaar zitten, wordt er geen enkel exemplaar geperst of ingeklemd. De sfeer van zomerse flora moet ondanks nieuwe technische vereisten bewaard blijven.

KLEUREFFECT

De drie grondtonen rood, geel en blauw dienen als basiskleuren. De dominante kleurrol wordt echter door de bonte kleuren gespeeld: rood, kersenrood, rozerood, oranje en roze. Het geel frist de creatie door haar lichtintensiteit op en zwartblauw, violet en lila zwakken de vurige uitstraling van de bloemenvaas af. Enkele witte accenten versterken het zwart-witeffect van het werkstuk.

VORMGEVING   Het experimenteren met kleuren, vormen, oppervlaktes en technieken bij het vormgeven van schaal of vaas opent interessante nieuwe domeinen. De hand-gemaakte, gegolfde vaas komt tot leven door haar originaliteit en vormgeving. Ronde vormen maken een harmonische indruk en flatteren de ingepaste bloemen door het opnemen van organische vormen. Het resultaat laat verschillende vullingen met de meest verscheiden karakters toe. Bloemen en vaas stuwen mekaar naar een hogere expressiviteit. Hebben de bloemen nood aan de vaas (of omgekeerd?) om de volmaaktheid te bereiken?

MATERIAAL   Pruikenboom *(Cotinus coggygria* 'Royal Purple'), bladeren
Flamingobloem *(Anthurium scherzerianum)*

TECHNIEK   Een lang, rechthoekig stuk ijzergaas wordt in golven geplooid en ovaal samengevoegd. Beide uiteindes worden met een plooibare draad aan elkaar verbonden. De bodem van de vaas krijgt een constructie met draden die kriskras aan de kant vastgemaakt worden. Als technische bouwconstructie dient een met stijfsel bewerkte, papieren ommanteling. Anders zou het kleven van de blaadjes niet mogelijk zijn.

KLEUREFFECT   De zwartrode bladstructuur versterkt door haar kleur en 'wassen' oppervlak de lichtgevende, bloedrode en dominante uitstraling van het materiaal.
De volle kleuren zijn extravagant en erotisch, vorm en glans lijken onkreukbaar.

VORMGEVING

Kijken, verzamelen, zoeken, ruiken, voelen, proeven: bewuste vormgeving vraagt een diepe verbondenheid met de natuur. Pas als je al je zintuigen inzet, ontdek je de schoonheid van de verschillende jaargetijden.

Ordenen, bundelen, groeperen in elkaar, over elkaar: helder en volledig herschikt kunnen we de schoonheid van de natuur presenteren aan de toeschouwer, soms ook in een verrassende, ontypische vorm. Veel van wat voordien niet bewust werd waargenomen, krijgt pas in een andere constellatie of in een gereduceerde omgeving de aandacht die het verdient.

MATERIAAL

Wilde wingerd *(Parthenocissus quinquefolia)*
Herfstbloemen en -vruchten

TECHNIEK

Een meervoudig verlijmde houten plaat krijgt onregelmatig verspreide openingen waaruit later fruit en bloemen zullen opduiken. Deze spleten worden uit ijzergaas gemodelleerd en op het hout geniet. De aldus voorbereide plaat wordt in meerdere lagen met de wijnbladeren beplakt. Doordat de lagen op en over elkaar komen te liggen, ontstaat er een interessante structuur. Het vochtige steekschuim dat in de openingen op folie geplaatst wordt, voorziet de toevoer van water. Bloemen en vruchten worden losjes in de openingen gelegd of gestoken.

KLEUREFFECT

Warme tinten roepen een herfstige sfeer op. De mogelijkheid om door combinatie van verschillende kleuren heel bewuste en vooraf uitgetekende charme op te roepen, verkleint het toevalseffect en toont de macht van de kleuren aan.

Het kwantitatief vooraanstaande roodbruin creëert een morbide, gedempte en toch lichtjes vurige stemming die een kleurenspel van geel, abrikoos, oranje, rosé, magenta, gloedrood met het contrastrijke groen en violet toelaat.

VORMGEVING De vaasvorm (van gespatelde blokken) schenkt bloemen de ruimte om zich te ontplooien. Het zijn eenvoudige tuinbloemen die zich hier solo presenteren en hun kleurenpracht ontvouwen. De spanning komt voort uit de afwijkingen in proporties, een interessante confrontatie tussen geometrische vormen en de tegenstelling licht-zwaar.

MATERIAAL Dahlia's *(Dahlia hortensis)*
Havergras *(Avena)*

TECHNIEK Droogschuimblokken worden op de gewenste maat gesneden. De bodemplaat wordt met lood beplakt. In de blokjes worden inkervingen voor waterbuisjes voorzien. De eenvoudige vormen worden lichtjes met plamuursel bestreken, gedroogd en kleurrijk gelazuurd.

KLEUREFFECT Verbleekt rood, roze, magenta, violet en purpertinten kunnen het goed met elkaar vinden. Ze stralen vurigheid, maar toch ook een zekere koelte uit. Hoewel de kleuren individueel minder vol zijn, staat de 'rode' kleur onomstreden centraal.

VORMGEVING De kleine bruidsruiker maakt gebruik van eenvoudige materialen en is symmetrisch van basisvorm. De verwerking van de bloemen maakt een eerder speelse bieder-meierindruk die aan het geheel iets bruidachtigs verleent. Er is niets uitdagends of extravagants aan. Deze creatie is pas volmaakt in het bijzijn van de bruid. Bruid en ruiker gaan een symbiose aan, zoals het eigenlijk altijd zou moeten zijn.

MATERIAAL Herfstanemoon *(Anemone hupehensis)*

TECHNIEK Drie aparte elementen worden samengevoegd in één ruiker: een gedraaide en getapete bloemenkoepel uit anemonenbloesems, een verzilverde metalen band die aan de binnenkant met steekdraad vastgemaakt wordt en een constructie van engelenhaar die er als een rok uitziet en die eerst uit afgerolde wikkeldraad vervaardigd werd. Deze krijgt achteraan een opening en wordt losjes met engelen-haar aangekleed. In de opening bovenaan wordt er een voorlopige steel uit drie steekdraden aangebracht. De achterste opening waarin de draadstelen samen-gevoegd worden, dient als handvat zodat de hand van de bruid in de ruiker steekt – de ideale verbinding tussen bruid en ruiker. De ruiker wordt dicht bij het lichaam gedragen om een eenheid met de bruid te vormen.

KLEUREFFECT Kleur en niet-kleur verbinden zich tot een feestelijk geheel. Er is niets verblindends. Zacht pastelrosé, vaak geminacht omwille van het hoge lieflijkheidsgehalte, krijgt hier een op maat gesneden opdracht.

VORMGEVING
Of ze nu lang en weids of kort en gesloten zijn, bloemen houden van bakken of schalen die hen de mogelijkheid bieden om zich te ontplooien. Is er een overvloed voorhanden, dan heb je misschien wel zin om eens iets anders, iets nieuws te verzinnen. Kleuren en vormen kunnen een inspiratiebron zijn om het alledaagse – zoals een beurs – met minder vanzelfsprekende dingen te combineren.
Niets diepzinnigs, enkel het verlangen om zich los te kunnen maken van het traditionele, om ongewone dingen een nieuwe naam te kunnen geven.
Vertrekkende van de eigen boodschappentas waarvan de handvaten verwijderd werden (hoewel ze waarschijnlijk ook hadden kunnen bijdragen tot de charme van het werk) ontstaat een bloem- of bladerrijk geheel.

MATERIAAL
Ezelsoor *(Stachys byzantina)*
Rozen *(Rosa)*, verschillende soorten
Accessoires

TECHNIEK
Een eenvoudige boodschappentas wordt vanbinnen stevig met papier opgevuld, de handvaten worden naar binnen geklapt en de zijflappen worden bijkomend met stro en ijzergaas gevormd. Een loden rechthoekje dat onderaan gekleefd wordt, kan zorgen voor de stabiliteit. Een kunststoffen bakje dat onderaan met steekschuim opgevuld werd, zorgt voor een optimale watertoevoer naar de bloemen. Daardoor kan de decoratie ook makkelijk vervangen worden. Deze nieuw 'bak' is ook uitstekend geschikt voor planten, vruchten en andere decoratieve elementen.

KLEUREFFECT
Neutraal en terughoudend grijs speelt in deze creatie de eerste viool.
Het presenteert wijnrood, kersenrood en zalmrood in een nieuw kader.
Door het bewust contrasterende spel met hoeveelheden wordt een uiterst zachte, subtiele sfeer opgeroepen die enkel in samenspel met het oppervlak en de kleur van de grijze bladeren mogelijk wordt. Mocht de tas omgeven zijn door lichtgroene bladeren, dan zouden de rozen veel aan expressie en kracht inboeten vermits het contrast dan veel groter is.

VORMGEVING

Het effect van een mand verkrijg je door de twijgen dooreen te vlechten en hun bewegingen een nieuwe vorm te laten aannemen. De symmetrische basisvorm moet het van zichzelf hebben. De expressie van deze creatie werkt enkel met een heel beperkt aanbod van materiaal. Consequentie qua kleur en vorm is heel belangrijk. De vorm straalt de stille rust van een mooie nazomerdag uit, terwijl de kleur je reeds op het spoor van de nakende herfst met zijn warm en vurig kleurbeeld zet. Aparte, dominante bewegingen en vormen worden visueel met elkaar verbonden. Ze jutten elkaar op zonder elkaar te beconcurreren. Zonder bijkomend materiaal zou de creatie minder inspirerend werken.

MATERIAAL

Dahlia's *(Dahlia hortensis)*
Kardinaalsmuts *(Euonymus europaeus)*

TECHNIEK

Uit stevige maar toch buigzame twijgen wordt een basisvorm geknoopt die op een mand gelijkt. Door de in mekaar geschoven takken, die op bepaalde plaatsen met draad aan elkaar bevestigd zijn, ontstaat er een korf, die bovenaan ruimte laat voor bloemen. Deze worden in een doorzichtige bak met water geplaatst.

KLEUREFFECT

De kleur van de *euonymus*-vruchtgroep wordt bewust herhaald: rozerood, roze, oranje. De natuur staat hier model voor ongewone en moedige kleurconstellaties. Laten we dan ook gebruik maken van de veelzijdigheid van de scheppende natuur om – vrij van schematische, theoretische voorwendsels – aan de slag te gaan. Terecht stellen we ons de vraag: is het roze hier eerder koel of wordt het onder invloed van het vurige geel en kersenrood van de dahlia's dan even vurig?

VORMGEVING Het plantenmateriaal treedt bij deze vrije creatie op de achtergrond ten gunste van de symboliek. Gelijktijdig wordt het door de beperking weer expressief naar het voorplan geschoven. Hart en roos, twee begrippen die al eeuwenlang onafscheidelijk samen horen, worden hier in een moderne compositie samengebracht. Het is een symmetrische basis, die echter door de ongelijke harten een interessante structuur krijgt.

MATERIAAL Engelse roos *(Rosa* 'Abraham Darby')
Deegharten

TECHNIEK De deegharten worden in gekleurd plamuursel gedrukt. De vaashouder voor de roos wordt uit glazen buisjes en metaalplaatjes gemaakt.

KLEUREFFECT Warm oranje maakt dit werkstuk levendig en meteen ook zinnelijk. Tegenover rood, de klassieke kleur van de passie, lijkt het zwakkere oranje zachter, maar misschien ook vuriger.

Oranje

VORMGEVING

Buigzame twijgen dienen als basisconstructie voor een interessante creatie met weinig bloeiend materiaal. Kleurconcentratie, vormexpressie en beperking van materiaal baren vaak meer opzien dan een overvloed aan bloemen.
Ruimte, plaats en aanleiding geven de vormgever de vrijheid om bij de keuze van de grondstoffen in te spelen op de architectuur en de omgeving. Een beukenobject, speciaal voor deze achtergrond gecreëerd of als vrij decoratie-element in een of andere ruimte, biedt steeds mogelijkheden voor een deskundige enscenering. Verse takjes verdrogen maar verliezen daardoor hun charme niet en harmoniëren of contrasteren naar hartelust al naargelang de gekozen bloemenkleur.

MATERIAAL

Keizerskroon *(Fritillaria imperialis)*
Beukentakjes *(Fagus)*

TECHNIEK

De ronde, bijna druppelvormige vorm ontstaat zonder enige technische trucjes. Voor de basis worden buigzame beukentwijgen vroegtijdig – d.w.z. voor het botten – in het voorjaar afgesneden. Voor het bovengedeelte van het werkstuk worden ze kruiselings in elkaar geklemd en met korte stukjes draad van een verwante kleur vastgezet. De eindvorm ontstaat door de takken in elkaar te schuiven en loodrecht vast te strikken. Voor een goede stabiliteit worden nog andere takken kriskras er tussen gevlochten. Glazen buisjes zorgen voor de watervoorziening van de bloemen.

KLEUREFFECT

Er ontstaat een warme kleursfeer door de fel oplichtende oranjetinten. De grote hoeveelheid bruin past zich op een neutraliserende en harmonieuze wijze in deze natuurlijke sfeer in. Twee kleuren die zonder verdere kleurbegeleiding samen vaak saai lijken, overtreffen zich hier door de bewust opgelegde wederzijdse beperking.

VORMGEVING Door hun kleur en oppervlak nodigen sinaasappels uit om er een siervoorwerp van te maken. Deze sinaasappelvaas wil de toeschouwer laten glimlachen en aantonen dat je met alledaags materiaal toch opzien kunt baren. De creatie biedt ook in gedroogde toestand de mogelijkheid om er iets moois van te maken. Wel zal het dan wat minder overweldigend overkomen.

MATERIAAL Dahlia's *(Dahlia hortensis)*
Sinaasappels, schillen

TECHNIEK Een bol van droog steekschuim wordt onderaan wat afgevlakt en met een loden plaatje bekleed om een betere stabiliteit te krijgen. In het midden van de bol wordt een opening voor een waterbuisje geboord dat later voor het water van de bloem moet zorgen. De bol wordt nu schubvormig en als een puzzel met sinaasappelschillen bekleed. Een overlappen van de schillen voorkomt dat bij het drogen de technische constructie zichtbaar wordt.

KLEUREFFECT De explosieve oranje-geel-kersenrode uitstraling van dit werkstuk is hier onder-geschikt aan het principe van de aandacht. Krachtige kleuren kunnen verleiden, opvrolijken en heel gericht de aandacht voor zich opeisen. De achtergrond is ondergeschikt aan de perfecte styling en zorgt voor een brug tussen kers en oranje. Het oranje van de vaas laat de indruk van een gloeiende bal na, die door toevoeging van de dahlia een vurige kracht krijgt.

VORMGEVING Bruin rietgras creëert een exotisch kader voor een nieuw soort plantenbak. Karakter en beweging van de carexplant zijn uitermate geschikt om natuurlijke vormen te scheppen, vooral omdat de plant ook gedroogd haar charme bewaart. Nonchalance en transparantie laten bewust weinig beweging van de planten toe en maken het mogelijk om een kijkje te nemen binnenin de nieuwe bak.

MATERIAAL Rietgras *(carex flagellifera)*
Orchidee *(Brassia caudata)*

TECHNIEK Een platte onderzetter wordt op zijn hoge kant met droogschuim gevuld, met sisalvezel omwonden en vastgemaakt. In het midden van het blok wordt een opening gesneden voor een bakje voor de orchidee. De rieten bak wordt nu vervaardigd uit apart samengebonden bundels die overal rondom gestoken worden. Een draaiende rietbeweging vormt het visuele slotakkoord van de constructie.

KLEUREFFECT Heloranje krijgt een bevallig, eerder duister getint kader. Er gaat een warm gevoel uit van de gekozen kleurcombinaties. Een grote tegenstelling in hoeveelheid zorgt ervoor dat de oranje orchideeën nog beter uitkomen en derhalve nog extravaganter lijken.

VORMGEVING

Gebundelde wilgentakjes worden omgevormd tot een interessante, lineaire constructie. Het resultaat is een bootvormige schaal die geschikt is voor allerlei creaties. Als plantenschaal voor binnen (tafel- of vensterbankdecoratie) heb je ontelbare mogelijkheden om met één en dezelfde basisconstructie steeds weer nieuwe sferen op te roepen. Vaak dient de constructie als basis voor kleinere schaaltjes waarin individuele bloemen- of plantenminiatuurtjes zich in het gezelschap van vele anderen ophouden. Dit soort basisconstructie doet je handen jeuken om creatief aan de slag te gaan.

MATERIAAL

Ranonkel *(Ranunculus asiaticus)*
Viooltjes *(Viola wittrockiana)*
Andere lentebloeiers

Wilgenbundeling

TECHNIEK De wilgentakken worden in de lengte en met afwisselende uiteinden (top – afgesneden basis) samengelegd en aan beide zijden met wikkeldraad stevig samengebonden tot je een bootvorm krijgt. Bloemen en planten worden in kleine potjes gelegd, gestrooid of gestoken.

KLEUREFFECT Warme, explosieve kleuren als oranje, geel en aanverwante kleuren bepalen het lenteachtige karakter van deze creatie. Er ontstaat een intensieve lichtsterkte door de bezadigde, neutrale, bruine wilgenconstructie. De hoeveelheid verschillende kleuren en de violetaccenten verlenen het werk een vitale, bijna opdringerige uitstraling.

VORMGEVING

Vanuit een schaal met kleine pootuien ontwaakt zacht de lente. Voorzichtig veroveren de eerste knoppen het oppervlak. Na de vervaardiging is het werkstuk lang niet klaar want de uien worden opdringeriger en de eerste nakomelingen groeien steeds verder het licht tegemoet. Tegen het einde van de zomer ontstaat – door de toename van de luchtvochtigheid – een drukte van jewelste rond de bovenste vulling. Het is de opdracht en het doel van deze uienpot om steeds weer nieuwe bloemen en planten op te nemen en te begeleiden. Ook zonder bloemenvulling is de pot een blikvanger. Vooral structuur en kleur zijn interessant zonder dat de vorm al te zeer opdringerig is.

MATERIAAL

Pootuien
Madeliefjes *(Bellis perennis)*
Viooltjes *(Viola wittrockiana)*
Geurviooltjes
Elfenbloem
Kievitsbloem *(Fritillaria meleagris)*
Sisalvezels

TECHNIEK

Een conische aardewerken pot wordt naar vormgeving opgewaardeerd. De nieuwe onderbouw wordt dunnetjes met stro omwikkeld, om een technisch geschikte ondergrond voor het kleven van de uien te vormen. Uiterste precisie en het gelijkmatig plaatsen van de uien vraagt veel tijd. Ondanks de lijm worden de uien niet gehinderd in hun kiemvermogen. Nadien wordt de pot vanbinnen bekleed en bovenaan met steekschuim tot aan de rand gevuld. De bloemen worden zo optimaal voorzien van water.

KLEUREFFECT

De bescheiden natuurtinten van de uienschil laten een spel met veel kleuren toe. Lichte, neutrale sisalvezels vormen de verbinding met de witte, kiemende ajuintoppen en nemen behoedzaam terracotta- (oranje, bruin, rood, zachtgeel) en magentatinten op. Opdat de kleurcompositie niet al te harmonieus en saai zou zijn, wordt er een accent met violette viooltjes toegevoegd dat weliswaar dezelfde lichtwaarde heeft, maar dat door het aanvullend contrast met de oranjegele tinten de lentekleuren opneemt en het werkstuk meer charme verleent.

De kleuren der natuur

Natuurkleuren worden vaak omwille van hun bescheiden uitstraling over het hoofd gezien. En toch zijn het kleuren die oneindig veelzijdig zijn in de plantenwereld. Het kleurenspectrum van de zogenaamde natuurkleuren omvat olijfkleur, grijs, mokkabruin, gebroken wit en houtkleuren waarvan het effect vergroot naarmate ze meer zonlicht oppikken. Natuurkleuren zijn de perfecte chaperon voor kleurrijke planten die zich nog mooier in een natuurlijk kader willen presenteren. Maar ook solo stralen bruin, grijs of olijfgroen een soort vreemde schoonheid uit. Door ontwerpers worden ze vaak met interessante vormen verbonden.

VORMGEVING

Traditioneel landelijke symbolen als korenaren en vruchten bepalen de expressie van dit werk. Niet het rusticale wordt belichaamd maar wel de tijdloze elegantie, wier schoonheid in een gereduceerde vorm vereeuwigd wordt. Een zwaar lijkende schaal wordt verhoogd gepresenteerd en krijgt daardoor een zekere lichtheid en een heel nieuw belang. De spanning ontstaat door de bewust buitensporige maten. Eenvoudige materialen zoals de vaak vergeten korenaar verleiden door hun structuur en hun terughoudende kleur.

MATERIAAL

Korenaren
Alles wat de herfst aan vruchten te bieden heeft

TECHNIEK

Een halve bol van piepschuim wordt met honderden aren beplakt, kriskras door elkaar. Dankzij het in, op en over elkaar schikken ontstaat er een nieuwe eenheid. De vruchten worden vlak verdeeld en zo in de schaal op ijzeren poten gestrooid.

KLEUREFFECT

Natuurlijke kleuren laten ruimte voor het explosieve rood en oranje die samen veel weg hebben van een oplaaiend vuur en een herfststemming oproepen. De neutrale en meest voorkomende kleur van de korenaren mengt zich met de rest maar laat toch ruimte voor interessante kleurenspelletjes die door hun beperkte aanwezigheid heel opvallend aanwezig zijn.

VORMGEVING

Een in alle betekenissen uitstekende outdoorbeplanting die de kleur en de sfeer van de plantenbak weer opneemt zonder te alledaags over te komen. De pot is er vooral omwille van de stabiliteit en niet voor de eigenlijke beplanting. Een speciaal ontworpen halve schaal met brede rand neemt de asymmetrische beplanting op en creëert ruimte voor breed uitgemeten bewegingen. Als vulling dienen zich alle kronkelende, platte, naar buiten krullende zomerplanten aan, die er van houden om samen een nieuwe eenheid te vormen.

MATERIAAL

Korstmos
Zomerplanten bv.
Rozenkelk *(Rhodochiton atrosanguineum)*
Strobloemen, eenjarig *(Helichrysum bracteatum)*
Pijpbloem *(Aristolochia macrophylla)*

TECHNIEK

Technische onderbouw uit bamboe en riet, dat in de schaal stevig vastgemaakt wordt. De opbouw van de schaal bestaat uit een gevouwen draadconstructie die door balkjes versterkt wordt. Het mos wordt vastgekleefd en het binnenste van de nieuwe schaal wordt met kokosplantmatjes bekleed. Daardoor wordt verhinderd dat later de aarde kan wegspoelen en het overtollige water toch afgevoerd raakt. De mossenschaal wordt kriskras met bamboestokken gesteund. De planten worden in de kokosvezelopening gezet.

KLEUREFFECT

Neutrale kleuren als grijs en groen staan een veelzijdig kleurenspel toe. Een zomers geel wordt hier door de eenvoudige kleurcompositie van de schaal nog intenser. Basiskleuren als rood en afgezwakt blauw in de vorm van lichtviolet creëren een drieklank zonder overdreven explosiviteit. Magenta en rozerood nemen samen met rood een dominante positie in tegenover geel en contrasteren met het groen waaraan het werk zijn frisheid verdankt.

VORMGEVING

Een reeks zakken in natuurkleur, elk met zijn eigen vulling en uitdrukkingskracht, zorgt ervoor dat deze tafeldecoratie een nonchalante, onconventionele en beetje brutale indruk nalaat. Er ontstaat een nazomers, natuurlijk effect, waarbij de eenvoud van de bloemen en hun schikking primeren.

MATERIAAL

Rozebottel
Dopheide *(Calluna vulgaris)*
Zinnia's *(Zinnia elegans)*
Lampionplant *(Physalis alkekengi)*
Andere nazomerbloemen

TECHNIEK

Filterzakjes worden aan de onderkant met een stukje lood verzwaard en dan gevuld met verschillende vruchten. Voor de bloemenvullingen wordt steekschuim gebruikt.

KLEUREFFECT

Een levendige, warme herfstsfeer ontstaat door de keuze van oranje, rood, rozerood, violet en auberginetinten. Als neutrale kleur dient bruin zodat er een optimale samenhang ontstaat tussen de tafel en de verschillend gevulde zakjes. Kleuren met een intensieve en afgezwakte lichtintensiteit zorgen voor de natuurlijke look van de reeks, ook zonder groen. Elke zak lijkt qua kleur een fragment van de kleurenbol.

VORMGEVING   Gedroogd gras wordt in een vorm gegoten die de basis vormt voor deze bloemen-
schaal. Er ontstaat een nieuwe vorm door de vele, lange strohalmen met ongelijke
uiteinden. De schaal is geschikt voor vele creaties – natuurlijk luchtig, betoverd,
streng geordend of met slechts weinige bloemen of planten. Een bewust contrast
met dit landelijk tafereel ontstaat door een voorname omgeving; maar ook in
een rustieke omgeving voelt een dergelijke creatie zich thuis. De mise-en-scène en
expressiviteit zijn natuurlijk in handen van de vormgever.

MATERIAAL   Heel veel stro en zomerbloemen

TECHNIEK   Drie lange strohalmen worden rond een schuttingdraad gewikkeld en vormen zo
de basisstructuur. Ze worden centrisch dwars gefixeerd en dan in de gewenste
vorm gebogen. Hiertussen worden andere, korte, gewikkelde halmen met draad
vastgemaakt. De draad moet sterk genoeg zijn om de halmen stevig in de juiste
positie te brengen. In de opening bovenaan wordt een eenvoudige bak geplaatst
om bloemen en planten in te zetten.

KLEUREFFECT   Neutraal en verbleekt olijfgroen dient als basis om een kleurfamilie van minder
volle roze-, kers-, abrikoos- en sinaasappeltinten op te nemen. Er wordt een
vleugje geel en violet toegevoegd en ook een beetje gloedrood om aan het
werkstuk meer spanning en frisheid te verlenen. Interessante kleurcomposities
samenstellen betekent dat je moedig moet zijn om ongewone combinaties
uit te proberen.

VORMGEVING   Een symmetrische, ronde schaal uit clematisvruchten dient als basisconstructie voor deze staande ruiker. Het samengaan van bloemenkleuren en structuren is het belangrijkste motief voor deze creatie. Eenvoudige vormgeving creëert een rustig, harmonieus totaalbeeld, dat interessant is ondanks zijn evenwichtigheid.

MATERIAAL   Bosrank *(Clematis tangutica)*, vruchtgroepen
Cosmea bipinnatus
Ballonklokje *(Platycodon grandiflorum)*
Engelse rozen *(Rosa, verschillende soorten)*
Strobloemen *(Helichrysum bracteatum)*
Kruiskruid *(Senecio cineraria)*

TECHNIEK   Voor de basis wordt met afgewikkelde draad een schaal met opening gevormd en met vruchtgroepen beplakt. De bloemen worden met hun steel door de opening getrokken en vormen zo een nieuwe vorm die op eigen benen staat.

KLEUREFFECT   Rozerode pasteltinten en hun zachte buren worden visueel ondersteund door een wollig gebroken grijs: een onvervangbare uitstraling die het karakter van de vruchten eerder ondersteunt dan domineert, is het resultaat. Tinten met dezelfde lichtintensiteit zijn makkelijk te combineren zonder dat ze zich met elkaar bemoeien. Een purperen toets brengt leven in de brouwerij en trekt bijna magisch de aandacht.

VORMGEVING Verscheidene zakjes uit plantaardig materiaal worden op een rijtje gezet. We krijgen stabiliteit door deze smalle basissen met elkaar te verbinden. Zo krijgen we de kans om dit beursidee – met verschillende vullingen – als tafelversiering te gebruiken. Ook op de vensterbank is deze presentatie een mooi alternatief voor de doordeweekse plantenbak. De symmetrische basisstructuur is geschikt om met het meest verscheiden materiaal steeds wisselende bloemen- en plantenvullingen te maken.

MATERIAAL Rozemarijn (Rosmarinum officinalis)
Muehlenbeckia (Muehlenbeckia axillaris), verse en gedroogde ranken
Bruidssluier (Gypsophila paniculata)
Hennep en stro
Engelse rozen (Rosa, verschillende soorten)
Zinnia's (Zinnia elegans)
Duizendblad (Achillea millefolium)
Andere zomerbloemen

Beurswerk

TECHNIEK Rechthoekige stukjes ijzergaas worden aan één zijde met allerlei materiaal en grondstoffen bekleed. Dan worden ze toegeklapt en aan de zijdes met draad genaaid, zodat we een beursvorm krijgen. De individuele zakjes worden nu met stevige stokjes langs de twee kanten met elkaar verbonden. De openingetjes worden met stevige folie bekleed zodat er geen water kan weglopen. Voor de bloemen- en plantenvulling gebruiken we steekschuim of kleine, eenvoudige bakjes.

KLEUREFFECT Neutrale tinten als crème, wit, bruin, olijfgroen, grijs en een vol dennengroen vormen door hun zwart-witcontrast een interessante kleurbasis zonder zelf al te veel aandacht op te eisen. Pasteltinten met ongeveer dezelfde intensiteit roepen een heel subtiele sfeer op. Niets wil domineren. Er is niets wat er bovenuit wil steken.

VORMGEVING

Een – bewust uitgerokken – krans! Ondanks de symmetrische basis suggereert de cirkelvorm beweging. Veel van het materiaal dat de natuur ons schenkt, wordt vaak over het hoofd gezien door de neutrale kleur. Als we ze met dominantere planten omringen, krijgt de eenvoud iets nieuws en wordt de aantrekkelijkheid verhoogd. Het eenvoudige wordt de drager voor de veelvoud aan kleuren en vormen. Ze krijgen een rol toebedeeld en hun stralingskracht wordt verhoogd.

De duurzame basis kan steeds met vers materiaal aangevuld worden dankzij de waterbuistechniek. Vooral als tafeldecoratie is dit geheel heel geslaagd. Daarvoor moeten echter bloemen gebruikt worden met een minder sterke bewegingsdrang opdat het oogcontact tussen de gasten niet verstoord wordt.

MATERIAAL

Bedstro *(Galium aparine)*
Ranonkel *(Ranunculus asiaticus)*
Lantaarnlelie *(Sandersonia aurantiaca)*
Elfenbloem *(Epimedium pinnatum)*
Lavendel *(Lavandula stoechas)*
Gelderse roos *(Viburnum opulus)*
Berengras *(Xerophyllum asphodeloides)*

TECHNIEK

Uit ijzergaas wordt een koker vervaardigd. De basis wordt enkel met behulp van draad met klisranken omwonden. De waterbuisjes moeten in het bovendeel tussen het ijzergaas en het bloeiend materiaal geklemd worden. De bloemen worden onconventioneel geschikt, trillende grassoorten zorgen voor de verbinding.

KLEUREFFECT

De dominerende koker in natuurkleur is ideaal voorbereid om vele kleuren op te nemen als ze maar niet te puur en te schril zijn. Een subtiel, broos bruin creëert ruimte voor leven en kleur.

Moet je gewoon moedig zijn of is het toch vakmanschap om de meest verschillende kleuren stijlvol met elkaar te kunnen combineren? Verwondering, verrassing, of afgrijzen? Individuele kleurgevoeligheid, belevenissen, gevoelens, spontaneïteit, maar ook de ingewikkelde studie van de kleurtheorie zorgen samen voor bijzondere kleurtaferelen. Veelkleurige creaties worden vaak eenvoudig afgedaan als 'bont'. Voor een geslaagde compositie is het van belang om juiste hoeveelheden te gebruiken en om de hoofdkleuren te mengen met verwante kleuren in een minder vol kleurdomein. Kleine accenten in complementaire kleuren laten in combinatie met neutrale tinten eentonige kleurcomposities opleven. Bij het creëren ligt het 'beetje extra' meestal in het toevoegen van verschillende vulmaterialen, die de individuele kleuren met elkaar verbinden.

Veelkleurigen

VORMGEVING

Bloemen, vormen en kleuren van deze gevulde sprookjespot moeten de duimen leggen voor de charme van de pot zelf. Door bewegingen bewust te vermijden komt er in deze handgemaakte verweerde pot ruimte voor kleine kleurspelletjes. De bloemen in deze bak willen elkaar magisch-florale verhalen vertellen. Dankzij een paar moedige kleuren proberen enkele solisten aan de chaos aan diffuse kleuren te ontsnappen, maar de sprookjespot lijkt ze stevig in zijn greep te hebben. Het is belangrijk om niet te overdrijven bij de bloemenschikking. Kleuren en structuren moeten met elkaar verbonden worden tot een harmonisch sfeerbeeld.

MATERIAAL

Elfenbloem *(Epimedium alpinum)*
Salie *(Salvia officinalis)*
Narcissen
Wolfsmelk *(Euphorbia)*
Ranonkel *(Ranunculus asiaticus)*
Viooltjes *(Viola wittrockiana)*
Andere bloemrijke potbewoners

TECHNIEK

De pot wordt bovenaan met steekschuim gevuld.
De bloemen lijken bewust geschikt alsof ze verzameld en speels ineengestoken zijn. Niets lijkt met opzet gedaan of gestyled. Er is geen concurrentiestrijd.

KLEUREFFECT

De sierkleuren in de compositie worden beschaafd opgenomen. Er ontstaat een spel tussen zwart-witcontrasten, verwante kleuren en de kleuridentiteit van de verschillende bloemen. Op een of andere manier lijkt elke bloem zich qua kleur met de andere te vermengen.

VORMGEVING Er ontstaan ontzettend veel mogelijkheden om bloemen en planten eens op een andere manier te presenteren door te spelen met kleur, ruimte en decoratieve elementen. Vaak leiden dit soort experimenten tot nieuwe ontdekkingen in vormgeving. Of ze inspireren tot het opnemen van architecturale elementen en pikken designobjecten met licht knipperende ogen weer op.

MATERIAAL Alle bloemen die een nauwe band kunnen opbouwen
met geometrische figuren zoals:
Hortensia *(Hydrangea macrophylla)*
Bruidssluier *(Gypsophila elegans)*
Dopheide *(Calluna vulgaris)*
Dahlia

Bloemenrechthoek

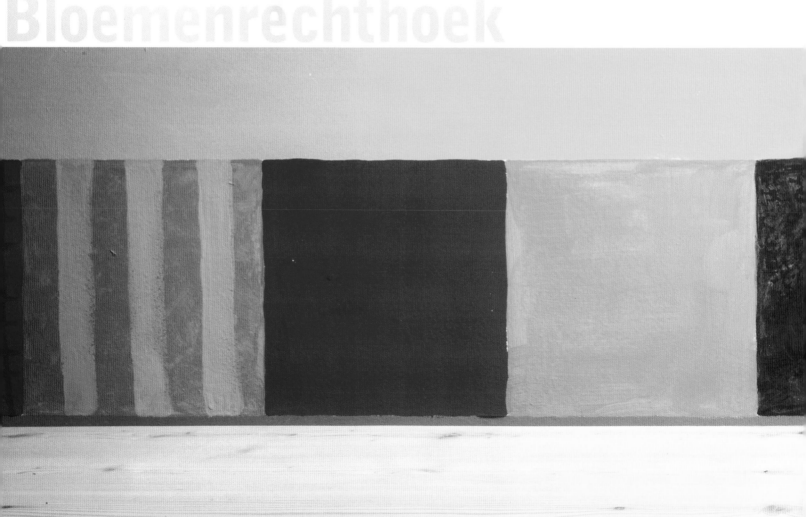

TECHNIEK   Een vierkanten loden onderzetter dient als technische basis voor verse steek-
schuimblokken, die precies in een vierkant met bloemen opgevuld worden.
Besproeien met water houdt het werkstuk vers.

KLEUREFFECT   Het bloemenvierkant leeft op door het samengaan van volle en minder volle
kleuren in de achtergrond. Pas met het wanddesign komt er spanning en bekoring
door herhaling van de kleuren in het plantengedeelte.

VORMGEVING   Alledaagse dingen als een 'bloemenbed' worden letterlijk genomen. Met natuurlijke bloemen wordt een tafel nieuw aangekleed. Dit werk moet de aandacht trekken, hetzij als winkeldecoratie of op een terras bij kaarslicht. Het verlaten van platgetreden paden kan al eens glimlach uitlokken of nieuwsgierig maken of onze inschatting van zomerbloemen opwaarderen. De eenvoudigste zomerbloemen als ooievaarsbek, korenbloemen, nigella, tagetes hebben in deze creatie hun grote optreden zonder opdringerig te zijn. Ook na het uitdrogen verliest het werk niet aan waarde.

MATERIAAL   Fluweeltje *(Tagetes)*
Korenbloemen *(Helichrysum bracteatum)*
Ooievaarsbek *(Geranium)*, bloemen en bladeren
Nigella damascena
Schildzaad *(Aurinia saxatilis)*
Sisalvezels

TECHNIEK   Een groot, rond uitgesneden stuk ijzergaas dient als basis. Het wordt losjes met sisalvezels bekleed. Bloemen en bladeren worden met de korte steel in sisal verankerd en, indien nodig, met draad vastgemaakt. Er worden enkel zomerse grondstoffen gebruikt, die hun intensiteit ook in gedroogde toestand bewaren en dan enkel aan volume inboeten. Door besproeien met water behoudt het tafellaken langer zijn vers uitzicht.

KLEUREFFECT   De sterke grondkleuren rood, geel en blauw worden met kleuren van de tweede garnituur, hier groen en violet, gecombineerd. Ze staan ook kleine nuances toe in verschillende verwante kleuren met onderscheiden lichtwaarden. Groen en wit verzachten de overgangen.
Door de aanwezigheid van bijna opdringerige, heldere kleuren met grote licht-intensiteit lijkt dit kleed verder te leven. De explosieve kleuren eisen dat er gekeken wordt. Dit is de zin en de doelstelling van dit decoratieobject.
Een beschaafde kleurkeuze zou een harmonieuzer effect geven, maar geen aandacht trekken – kleuren om achterover te vallen!

VORMGEVING

MATERIAAL

TECHNIEK

Hoekige vaa

KLEUREFFECT

De eigenzinnigheid en overtuigingskracht van deze bloemenvorm vormden de inspiratiebron voor de aparte vaasvorm. De getande vaasvorm pikt de geaardheid van de bloemen weer op: expressief in de kleurvormgeving en toch harmonieus qua resultaat.

Bromelia

Een groot stuk ijzergaas wordt symmetrisch hoekig geplooid en rond een eenvoudige, ronde en hoge pot geklemd. De uiteindes worden met draad vastgemaakt. Om een glad oppervlak te bewaren, wordt de constructie royaal met papier bepleisterd. Na het drogen worden de verschillende segmenten kleurrijk geverfd.

Het moedige combineren van de meest verscheiden warme en koude kleuren creëert een interessant, steeds wisselend kleureffect. Gelijke hoeveelheden hebben door hun afwijkende lichtsterktes een grote expressieve kracht.

VORMGEVING

Een eenvoudige, puristische tafeldecoratie! Expressieve kleuren en bloemvormen contrasteren met elkaar en roepen een nazomers gevoel op. De symmetrische basis bevat allerlei vruchten. Zo krijg je zin om eens in de pot te gaan kijken.

MATERIAAL

Dahlia's *(Dahlia hortensis)*
Dopheide *(Calluna vulgaris)*
Allerlei vruchten

TECHNIEK

De basis bestaat uit een langwerpige onderzetter waarin enkele steekschuimblokjes op hun kant geklemd worden. Opdat het vochtige blok er niet zou uitvallen, wordt de constructie met floratape vastgemaakt. Voor de basis worden met elkaar verbonden bussels dopheide van onder uit symmetrisch en schubvormig in en door elkaar gestoken. De dahlia's worden zo geschikt dat er tussen de basis en de bloemen ruimte vrij blijft voor allerlei vruchten. De vruchten worden er enkel in gelegd zodat een stevige basisconstructie absoluut noodzakelijk is.

KLEUREFFECT

Verbleekt lichtgeel leeft van het complementaire contrast met roodviolet en een sterke zwart-wittegenstelling. Het witgeel lijkt door de donkere basis nog zonovergotener en stralender. Interessante klemtonen zetten het oranje, groen en rood.

VORMGEVING Hier wordt plantengeschiedenis geschreven met veel verschillende kransen. Opvallende kransen, bladerkransen en gewikkelde en gedraaide exemplaren nodigen planten uit om zich bij hen te voegen. Ondanks de symmetrische basis van de gestapelde ringen ontstaat er een zeer weelderige, natuurlijke indruk. De creatie verenigt de meest uiteenlopende outdoorplanten en dit in alle kleuren. Allemaal hebben ze een comfortabel gevoel en alle planten staan qua kleur en vorm in contact met andere planten.

MATERIAAL Mos
Grassen
Stro
Sneeuwbal *(Viburnum)*, bessen
Tagetes erecta
Kruiskruid *(Senecio cineraria)*
Fuchsia *(Fuchsia triphylla)*
Strobloemen *(Helichrysum bracteatum)*

TECHNIEK Voor de vaasconstructie worden strooien kroezen ingewikkeld, omwonden en beplakt. Enkel weerbestendige grondstoffen worden gebruikt. De kransen worden met stokjes op verschillende afstanden op elkaar gestoken. De opening van de onderste krans wordt met een kriskras 'stoktechniek' verstevigd en met mos toegedekt. Binnenin de pot worden bijkomend ranken en takken tot aan de bovenste ringen opgevuld. Ze dienen ter verankering van de ingezette planten. Regelmatig besproeien van het geheel houdt het werk vers.

KLEUREFFECT Neutrale tinten als grijs en groen dienen als basiskleur voor tegengestelde rood-, zalm-, roze en rozeroodtinten. Verschillende oppervlakken en bewegingen versterken hier door de asymmetrische schikking de kleur- en vormexpressie. Er wordt een bewust gebruik gemaakt van zwart-wit- en hoeveelheidscontrasten om een wereld te scheppen die door de plantengroei steeds van outfit en uitstraling verandert. Een vleugje geel zorgt ervoor dat het werkstuk niet te harmonieus of te vermoeiend voor het oog wordt.

VORMGEVING Het verlangen om bloemwerk, kleur en kunst met elkaar te verbinden doet de vormgever nieuwe wegen inslaan. Einddoel is om op te vallen met bloemrijke taferelen, ofwel door de keuze van de kleuren of materialen, door plasticiteit of eenvoudigweg door het zuivere vormgeven met bloemen, naar het principe 'less is more'. Een vierkanten symmetrische basis laat een onderverdeling in rechthoekjes van verschillende grootte toe. Deze worden objecten in de groene enscenering. Het bevredigen van de experimenteerlust staat hier duidelijk centraal en bepaalde basisprincipes van de bloemschikkunst worden bewust terzijde geschoven. Een verdere stap naar vrijheid en impulsiever handelen. Maar enkel na studie van de grondbeginselen kan je regels aan je laars lappen om nieuwe dimensies te openen.

MATERIAAL Rozen, dahlia's, kortom bloemen die zich graag solo presenteren.

TECHNIEK Een houten plaat wordt met stift onderverdeeld in rechthoeken van verschillende grootte. Om het geheel een nieuwe plasticiteit te verlenen, worden er enkele rechthoekjes zowel visueel als ruimtelijk uit het beeld gerukt. Als technische basis worden piepschuimplaten gebruikt. Voor ze op de plaat gekleefd worden, krijgen ze een opening voor het waterbuisje. Om aan de verschillende materialen een eenheids-structuur te geven, wordt de basis van de constructie met een kleine laag plamuursel bedekt. Na het drogen krijgen de verschillende rechthoekjes een likje verf.

KLEUREFFECT Toonaangevend bij dit object zijn de intense basiskleuren geel, rood en blauw: een drieklank die eigenzinnig voorzien wordt van ongewone kwantiteits- en kwaliteitscontrasten. Oranje versterkt de boodschap van rood en doet een poging om de intensiteit van het geel terug te dringen. De krachtig volle kleuren nemen de overhand. Het grijs neutraliseert en laat samen met de minder volle kleuren bloemensolo's in verschillende tinten toe. Gewoon een kleurrijk tafereel of één vierkante meter kleurentheorie...

Dankwoord

Mijn dank gaat uit naar de uitgeverijen Eugen Ulmer en Stichting
Kunstboek voor de interessante opdracht om in dit boek te mogen
getuigen van mijn liefde voor kleuren en bloemen.
Bijzonder dank ook aan Bart Van Leuven, de man die mijn creaties
fotografeerde. Zijn perfectionisme en talent om in mijn wereld
te stappen maakten het mogelijk om elk werk in een passend
licht te presenteren. Het was voor mij een verrijking om met hem
samen te werken.
Voor de floristische ondersteuning ben ik vooral Sabine Bucher,
Jürgen Kling, Daniela Ebner en Alexandra Loos dank verschuldigd,
voor de manier waarop ze onvermoeibaar en slagkrachtig mijn
ideeën en voorstellingen vertaalden.
Bovendien bedank ik Ralph, mijn familie, vrienden en kennissen en
vooral Nicole Steubing en Dr. Iris Berndt.
Iris Göbel, Tanja Bastian-Hartmann en Horst Lissberg ben ik genegen
voor hun medewerking. Zonder hun organisatorisch talent had ik dit
boek nooit op tijd kunnen realiseren.

Annette Kamping

1984 Opleiding bloemsierkunst in Emsbüren/Kreis Emsland

Reis- en stageperiode in verschillende bedrijven

1990 Meestertitel

Sinds 1994 zelfstandig. Organiseerde verscheidene tentoonstellingen, wedstrijden en schreef boekenbijdrages.

1994 Kampioen van Duitsland en winnares van de Gouden Roos

1995 Vice-kampioen van Europa

Seminaries, spreekbeurten, demonstraties in binnen- en buitenland

Juni 2001 Opening van BLUMENWERK, een Internationale School voor Vormgeving en Ambachten in Herborn.

Colofon

Auteur
Annette Kamping
BLUMENWERK, Hohe Straße 700, Gebäude 10,
35745 Herborn
Tel.: +49 (0) 27 72 92 10 51
Fax : +49 (0) 27 72 92 10 52

Fotografie
Bart Van Leuven, Gent (B)
Isabelle Persyn, (B)

Vertaling
Umlaut, Gent (B)

Vormgeving en Fotogravure
Graphic Group Van Damme bvba, Oostkamp (B)

Druk
Graphic Group Van Damme bvba, Oostkamp (B)

Bindwerk
N.V. Scheerders-Van Kerchove, Sint-Niklaas (B)

Uitgegeven door
Stichting Kunstboek
Legeweg 165
B-8020 Oostkamp
Tel. +32 (0) 50 - 46 19 10
Fax +32 (0) 50 - 46 19 18
E-Mail: stichting.kunstboek@ggvd.com
www.stichtingkunstboek.com

ISBN 90-5856-033-3
D/2001/6407/5
NUGI: 411